三全育人

"一站式"学生社区综合管理手册

主编：宋艳春　母则闯

 坚守底线　不越红线

参编人员：洪　畅　曾丽燕　罗煌璋　吴月霞　黄丽英
插画作者：吴诗婷　陈正宇　颜筠妮　周予柔　张焓鑫
　　　　　李婉婷　刘欣玲　潘宁青　暨妤涵

图书在版编目（CIP）数据

三全育人：“一站式”学生社区综合管理手册 / 宋艳春，母则闯主编. -- 厦门：厦门大学出版社，2024.9. -- ISBN 978-7-5615-9479-7

Ⅰ.G717.4-62

中国国家版本馆CIP数据核字第2024UQ0792号

责任编辑　王洪春　张　洁
策划编辑　张佐群
美术编辑　蔡炜荣
技术编辑　朱　楷

出版发行　厦门大学出版社
社　　址　厦门市软件园二期望海路39号
邮政编码　361008
总　　机　0592-2181111　0592-2181406（传真）
营销中心　0592-2184458　0592-2181365
网　　址　http://www.xmupress.com
邮　　箱　xmup@xmupress.com
印　　刷　厦门市明亮彩印有限公司

开本　889 mm×1 194 mm　1/32
印张　14.5
字数　330千字
版次　2024年9月第1版
印次　2024年9月第1次印刷
定价　48.00元（共6册）

本书如有印装质量问题请直接寄承印厂调换

厦门大学出版社

微信二维码

厦门大学出版社
微博二维码

目 录

第一篇　纪律处分的类别 ································· 1

第二篇　学有所成，圆梦东海 ························· 3
　　一、取得毕业证书的条件 ····················· 3
　　二、学业审查制度 ································ 4
　　三、学业预警制度 ································ 6
　　四、学习常规与违纪处理 ····················· 8

第三篇　居安思危，"寓"见东海 ··················· 11
　　一、住宿管理 ······································· 11
　　二、公物管理 ······································· 14
　　三、卫生管理 ······································· 16
　　四、安全规定 ······································· 16

第四篇　克己复礼，法治东海 ······················· 21
　　一、扰乱管理、秩序的行为 ················· 21

二、违反法律、法规的行为 …………………… 26
　　三、侵犯财产、权利的行为 …………………… 26
第五篇　违纪处分、申诉处理与处分解除…………………**28**
　　一、学生违纪处分处理流程 …………………… 28
　　二、学生申诉处理流程 ………………………… 29
　　三、处分解除 …………………………………… 31

第一篇　纪律处分的类别

第一篇　纪律处分的类别

为了维护我校正常的教育教学秩序和生活秩序，加强校风建设，严肃校纪，培养德、智、体、美、劳全面发展的社会主义现代化建设的合格人才，根据中华人民共和国教育部令第41号《普通高等学校学生管理规定》，我校学生纪律处分的种类有警告、严重警告、记过、留校察看、开除学籍。留校察看以一年为期，留校察看期间有悔改和显著进步的，可降为记过处分；经教育不改或在留校察看期间再有违纪行为的，可开除学籍。

在校期间因考试违纪作弊、违法乱纪、违反学生社区管理规定等行为受到学校纪律处分及处分考察期所在的学期，不得参评奖学金和各种荣誉称号，酌情取消学生干部职务。

处分解除后，学生获得表彰、奖励及其他权益，不再受原处分的影响。学生处分材料与解除处分材料真实完整地存入人事档案。

任何部门或个人无权擅自撤销对当事人的违纪处分，也不得以任何形式销毁、涂改或者从当事人档案中撤出有关材料。受到处分必将严重影响毕业、就业、升学等。

根据中华人民共和国教育部令第41号《普通高等学校学生

管理规定》："学生在校期间依法履行下列义务：（一）遵守宪法和法律、法规；（二）遵守学校章程和规章制度；（三）恪守学术道德，完成规定学业；（四）按规定缴纳学费及有关费用，履行获得贷学金及助学金的相应义务；（五）遵守学生行为规范，尊敬师长，养成良好的思想品德和行为习惯；（六）法律、法规及学校章程规定的其他义务。"

对学生的奖励、处理、处分及解除处分材料，学校应当真实完整地归入学生本人档案。被开除学籍的学生，由学校提供材料予以证实。学生按学校规定期限离校，档案由学校退回其家庭所在地，涉及户籍问题应当按照国家相关规定进行处理。

第二篇　学有所成，圆梦东海

一、取得毕业证书的条件

学生符合国家招生规定，在学校规定年限内，修完教育教学计划规定内容，无任何纪律处分，学年综测（德、智、体、美、劳）均达到毕业要求，准予毕业，由学校发放毕业证书。若在学校规定年限内，修完教育教学规定内容，未达到毕业要求，且有纪律处分未到撤销时间，准予结业，由学校发放结业证书。结业后两年时间内可以进行补考、重修、纪律处分撤销，对符合条件的学生颁发毕业证书，毕业时间按发证日期填写。若结业后两年时间内仍然未达到毕业条件的学生，准予肄业，由学校发放肄业证书。

【迟来的毕业证】　某高校2017级学生小陈平日里忙于各类兼职而把学业落下，导致直到大三毕业那年依然有3门科目挂科，于是小陈被迫先结业参加工作，工作之余继续参与这3门课程的学习和补考。最后，小陈在毕业的第二年通过了所有科目的考试并取得了毕业证书，可在工作期间为毕业花费的精力和失去的时间却无法找回。

二、学业审查制度

（一）学业成绩审核办法

学业审查是通过青果综合教务管理系统的毕业审查模块进行。在此期间，各二级学院负责录入本年度的毕业标准，检查学生各门课程成绩是否正常录入。通过了系统审查的学生方可报送相关材料至相关部门复审。若系统审核未通过，应仔细核查未通过原因，对非入学第一学期转专业、休复学（含退役）等情况应进行人工审核。如遇休、复学学生，应按学生实际修读时间分段的本年度人才培养方案进行审核，并做备注说明。

（二）审查标准及结论

1. 毕业

同时达到下列条件者准予毕业：

（1）思想政治表现良好。

（2）具有教育部注册各学年学籍（由相关部门提供预计毕业生名册）。在本校规定的修业年限内，修完专业培养方案规定的全部课程，成绩合格获得规定的学分。

（3）体育成绩合格，身体健康。体质健康测试成绩达到50分（由公教部提供成绩）。

（4）至少获得一种职业资格或行业职业证书，根据专业培养方案的要求获得计算机水平考试合格证书。

2. 结业

这些情况将作结业处理：具有学籍的学生修完专业培养计划规定的全部课程但存在部分课程不合格、体质健康测试成绩少于50分或其他不符合毕业条件的情况。

3. 延长学习时间

这些情况将作延长学习时间（降级）处理：具有学籍的学生修完专业培养计划规定的全部课程但存在部分课程不合格、个人申请延长学习时间暂不结业、自愿到校继续缴纳学费参加下一年级相同专业的学习、因欠交学杂费未注册的学生至本学期末仍未交清相关费用。

【失之交臂】 某高校毕业班学生小杨欲参加2024年上半年的春季征兵，在役前训练阶段时，当地的武装部要求小杨所在学校提供一份毕业证明。经学校学业审查，杨同学有两条毕业条件未达到，第一条是没有技能证书，第二条是存在13门挂科情况，学校无法办理毕业证明，故小杨非常遗憾地无法以毕业生的身份在部队发展。

坚守底线　不越红线

三、学业预警制度

学生学业预警机制是指在学生管理工作中，针对学生在学习、生活等方面出现的不良情况，及时提示、告知学生本人及其家长可能出现的不良后果，并有针对性地采取相应的防范措施，是通过学校、学生和家长之间的沟通与协作，帮助学生顺利完成学业的一种教育手段和干预制度。学生学业预警作为一种预先警示、警报，根据学生的实际情况及所产生影响的程度，发出不同

第二篇　学有所成，圆梦东海

等级的预警信息。分为第一阶段绿色预警、第二次黄色预警以及第三次红色预警三个级别。

（一）绿色预警——一般预警（第一阶段）

该预警是针对学生的提醒和温馨提示。学生出现预警范围中情节较轻的，如每月旷课 20 学时以下、在规定时间内未及时注册、2 门以下科目考核不及格、沉迷网络、一般性生理心理等问题、轻度违纪、未按要求办理请销假手续等情况提出的一般预警。第一阶段预警标注为绿色。

（二）黄色预警——严重预警（第二阶段）

该预警是针对学生的警示和责令整改。如学生出现 3 门以上 15 门及以下科目考核不及格、考试作弊、每月 30 学时以上的严重性旷课、未按规定办理各类学籍异动手续、严重生理心理问题、违规违纪达到记过、无故拖欠学费、未办理手续等情况提出的严重预警。第二阶段预警标注为黄色。

（三）红色预警——退学预警（第三阶段）

该预警是针对学校已有正式的文件下达，受到记过以上处分或者成绩未达到教学要求的学生发出的预警。是对补考后仍有一半以上课程考核不及格等，严重违反教学管理规定、学生管理规定、恶意拖欠学费、涉及违法案件、有经认定不适宜在校学习的身体问题和精神病性心理问题等情况的学生提出的退学预警。第三阶段预警标注为红色。

【错失良机】 某高校 2022 级学生小徐因不爱学习，经常迟到和旷课，即使到了课堂也是睡觉或者玩手机，因此学习成绩一直不好，在大一学年结束时徐同学一共挂科 12 门，被学校给予

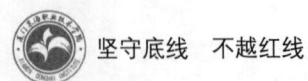

坚守底线　不越红线

学业黄色预警，小徐也在此阶段失去了评优评先等方面的机会，得知此事后，小徐懊悔不已。

四、学习常规与违纪处理

在学习生活中，遵守纪律、遵循规范是保证教育教学秩序的基础。学习常规与违纪处理作为学校管理的重要组成部分，旨在培养学生良好的行为习惯，使学生在和谐、有序的环境中成长。学校的学习常规与违纪处理的具体要求可提高学生对纪律观念的认识，促进学生全面发展。

（一）学习常规

1.学习态度

学习态度是影响学生学习成绩的关键因素。学生应具备积

第二篇　学有所成，圆梦东海

极、主动、认真的学习态度，珍惜学习机会，努力提高自身综合素质。

2. 课堂纪律

课堂是学生学习的主要场所，遵守课堂纪律对保证教学质量具有重要意义。学生应按时到课，认真听讲，积极参与讨论，不做小动作，尊重老师和同学。

3. 作业与考试

作业是巩固课堂所学知识的手段，学生应认真完成作业，做到独立、按时、保质保量。考试是检验学习成果的重要途径，学生应诚信应对，严格遵守考试纪律。

4. 课外活动

课外活动是丰富学生校园生活、培养兴趣爱好的重要途径。学生应积极参与，充分发挥自己的特长，陶冶情操，提高综合素质。

（二）违纪处理

1. 违纪行为的认定

学校将对学生的违纪行为进行认定，包括但不限于：迟到、早退、上课玩手机、抄袭作业、考试作弊等。

2. 违纪处理的措施

针对不同违纪行为，学校将采取相应处理措施，如：警告、严重警告、记过、留校察看、开除学籍。同时，学校将视情节严重程度，给予相应的处罚，如：通报批评、取消评优资格等。

3. 教育与引导

学校在处理违纪行为时，坚持以教育为主、惩罚为辅的原

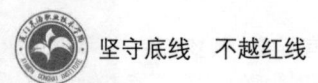

坚守底线　不越红线

则。通过对违纪学生的批评教育，使其认识到错误的严重性，引导其树立正确的价值观和行为规范。

4. 家长配合

学校将与家长保持密切沟通，共同关注学生的成长，共同纠正学生的违纪行为。家长应积极配合学校，加强对孩子的家庭教育，共同维护校园秩序。

学习常规与违纪处理是学校管理的重要内容，关系到学生的成长和教育教学质量。希望广大师生共同努力，营造和谐、有序的校园环境，为学生的全面发展奠定坚实基础。

【知错就改】　小孟是某高校2022级学生，由于从小养成的惰性导致其经常因赖床不起而迟到和旷课。辅导员得知后第一时间与该生进行交谈，对小孟进行教育和引导，但始终无果。最后，辅导员致电小孟家长进行沟通，反馈其在校表现情况，经过家校联动齐发力，小孟的错误行为得以改正，同时也避免了被学校给予预警的可能。

第三篇　居安思危，"寓"见东海

第三篇　居安思危，"寓"见东海

一、住宿管理

1. 纪律方面

（1）周日至周四晚 22:30 按时回宿舍接受晚寝点名，不得夜不归宿；学生宿舍区大门 6:00 开门，22:30 关门，学生 22:30 后进入宿舍区应当登记说明原因，二次晚归或拒不登记而强行进入者抄报学生工作处进行处理。

（2）学生宿舍区域男、女生不得互窜；不得私自调换宿舍；学生宿舍不得留宿外来人员；校外人员来访，必须出示有效证件经登记后由被访者带入公共会客室会晤。

【有朋自远方来】　我校 2023 级学生小张邀请自己的异性朋友来宿舍聊天叙旧，并留其在宿舍过夜。第二天一早，宿管老师发现小张留宿异性通报给学生工作处，小张为此受到相应的处分。

（3）熄灯后禁止在宿舍内放音响和大声讲话，以免影响他人休息。

（4）禁止在宿舍楼内喧哗、打球、跳舞、抽烟、酗酒、赌博

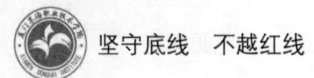

坚守底线 不越红线

以及看淫秽录像、书刊、收听和播放不健康的歌曲。

【小烟头大隐患】 近期我校2022级学生小李和小陈,因心情不好,在宿舍阳台抽烟后将烟头扔至阳台下,烟头掉至空调外机引燃了空调外机管道,引起火情,幸亏宿管老师巡查时发现并第一时间进行灭火,否则后果不堪设想。学校因此给予两位同学记过处分。

（5）禁止在宿舍楼内饲养小动物。

2. 宿舍水电

（1）住宿学生应当节约用水，安全用电。

（2）学校每年根据相关制度制定相关用水用电优惠政策。

（3）严禁私自拆动水表、智能取热水表，如有损坏照价赔偿，并进行严肃处理。严禁私拉电线、违章使用电器，一经发现按违反校纪校规处理，同时没收违章电器。若造成灾害事故，则移交司法机关处理。

（4）学生宿舍可以使用的电器为：性能安全合格的台灯、充电器、电脑、饮水机、落地扇、风扇。其他电热器具不得使用，一经发现，不论使用与否一律没收。

（5）学生宿舍实行通宵供电，但各宿舍必须按作息时间表熄灯，晚寝熄灯时间：23:30。统一断网，断网时间为当日 23:30 至次日 6:00。

3. 住宿及退宿

（1）新生入学住宿由宿舍管理中心根据招生名单按专业统一安排。

（2）延长学习期限的学生需要住宿的必须在第六学期结束前提出书面申请，原则上安排在下一年级的同一专业学生宿舍中住宿。

（3）个别学生因特殊情况（含转专业的）需调换宿舍时，应提前确认预转入宿舍有空余床位方可调换宿舍，调换宿舍须填写《学生宿舍调整申请表》。

（4）各学院各年级学生原则上安排在相同年级的同一专业学

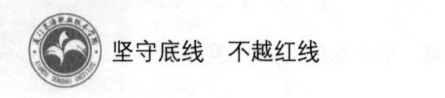

生宿舍中住宿。

（5）学生住宿需缴纳住宿费，住宿费的标准按市物价局规定制定。

（6）寒暑假需要在校实践留宿的学生，应当在规定的时间内到宿舍管理中心登记，并按指定房间住宿。

（7）无人居住的寝室由宿舍管理中心封门，未经许可任何人不得擅自启封撬锁进入，违反者酌情给予警告及以上处分。

（8）学生中途因走读、退学、辍学、开除等原因而退宿者，不予退住宿费。

4. 离校退宿

（1）学生毕业或因故中途离校退宿时，宿舍管理中心应当对其使用的家具及设备设施清点验收。

（2）宿舍内设备设施如有损坏，应当照价赔偿。所还家具物品与学生宿舍资产登记单不符，按丢失论处也须照价赔偿。

（3）宿舍内设施设备经验收合格后，方可由宿舍管理中心在离校手续单上签名盖章。

（4）毕业生应在学校规定的时间内按时离校。

二、公物管理

1. 钥匙管理

（1）新生进校时每人可领取本宿舍钥匙一把。

（2）不得私自调换门锁，不得将宿舍钥匙转借他人。不慎遗失钥匙后应当迅速报告宿管中心，并由宿管中心另配钥匙一把，遗失者应当付钥匙工本费。如遗失钥匙而导致宿舍失窃，由遗失

钥匙者承担全部损失。

（3）学生毕业时应交还全部钥匙，若发生所交的钥匙与所用锁不配套的情况，则应当每把钥匙赔偿工本费二元。

（4）无特殊情况，宿管中心不外借备用钥匙。学生必须借用钥匙（本人居住寝室）时，须凭本人有效证件或者提供相关证明。还钥匙时，归还证件。

2. 破坏公物

（1）室内公物管理责任到人，入住时登记造册，宿舍长签字确认，负责人保管使用，结业时验收。

（2）爱护宿舍公物，发现破坏行为，必须立即制止，并及时报告宿舍长。宿舍公物如自然损坏，应到宿舍管理中心登记，学校派人维修。

（3）学生宿舍内部物品归个人使用的，由个人保管；归公共使用的，集体保管。

（4）宿舍内的设备不得任意搬动、拆、卸、改装，违者当接受纪律处分并赔偿损失。若不能查明行为人，则由该宿舍人员集体赔偿并视情节给予纪律处分。

（5）宿舍公物损坏或丢失，由责任人赔偿。若不能查明行为人，则由该宿舍人员集体赔偿。

（6）无特殊原因，禁止动用设在宿舍楼里的消防设施，损坏应当照价赔偿。

（7）损坏公物的赔偿办法：不慎损坏，主动承认者，照价赔偿；不慎损坏，未上报但被学校查获者，按原价的两倍赔偿；故意损坏，事后主动认错者，按原价的两倍赔偿；故意损坏，学校

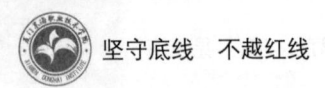
坚守底线　不越红线

查获者，按原价的三倍赔偿，并给予相应的纪律处分。

三、卫生管理

（1）不得向窗外和公共区域吐痰、倒水、乱扔瓜皮果壳、纸屑、烟头、酒瓶、生活垃圾等杂物。

（2）不得在墙上涂写、刻画和胡乱张贴。不得破坏墙壁、玻璃完整。不得在室内焚烧废纸、垃圾。

（3）学生宿舍应整洁、安全，垃圾装袋并及时处理。每周三下午进行大扫除，每半月接受一次自律会检查（上级临时检查除外），每天的值日生工作由宿舍长安排与监督。

（4）宿舍除个人床铺自行整理外，其余空间实行区域包干制，包干区域人员的确定，由宿舍长负责组织宿舍成员协商解决。

（5）宿舍卫生检查成绩连续六次为优的宿舍，可以优先评选"学期文明宿舍"。文明宿舍的舍长，优先参与评选年度"优秀宿舍长"。评选为文明宿舍的全体住宿人员，在同等条件下优先参与奖助学金的评选。

（6）宿舍卫生成绩连续两次不合格将由宿舍管理中心发出整改通知（一式三联），一联存根，二联分别送达学生本人和相应辅导员，所在宿舍学生不得参评下一年度奖助学金、先进个人，不得参与推优、入党。

四、安全规定

（1）学生应当积极、主动配合宿舍管理中心和其他相关职能部门老师进行的安全、卫生检查。

第三篇 居安思危，"寓"见东海

（2）住宿学生应当妥善保管好自己的证件、有价票证、现金、存折等贵重物品以及学习和生活用品。

【我的东西去哪了】 2023 年，厦门某高校多名学生发现自己的笔记本电脑、现金等不见了。报警后经调查发现该起案件由原学校食堂工作人员所为，因其曾对学校及学生的情况都较为了解，故混入学生宿舍楼挑选不爱锁门的宿舍下手，连续在三间宿舍内盗走 3 台电脑、4800 元现金、一台相机。

（3）提高安全防火意识，学生宿舍严禁存放易燃易爆等有害物品，严禁燃放烟花爆竹，严禁使用明火。

（4）保持走廊及楼梯通畅，不得在走廊、楼梯、寝室内停放自行车和堆放杂乱物品，不得攀爬门窗、隔墙、防护栏。

（5）学生在宿舍楼内不得酗酒、斗殴、赌博、吸毒；严禁传播、复制、贩卖非法书刊和音像制品；不得参与非法传销和进行邪教、封建迷信活动；不得组织、参与销售烟、酒等食杂。

【打输住院，打赢坐牢】 2020年11月，某高校宿舍小徐与小杨在寝室内因琐事发生口角，进而互殴，两人互相用拳头击打对方的面部及身体，双方均有受伤，小杨受伤更为严重。经司法鉴定中心鉴定，小杨双侧鼻骨骨折、右侧上颌骨额突骨折，其损伤程度属轻伤二级。小徐也因此被司法部门进行了严肃的处理。

（6）不得在宿舍内大声播放收录机、吹奏乐器，严禁高声喧哗、起哄、扰乱周围环境。不得从事或者参与有损大学生形象、

第三篇 居安思危,"寓"见东海

有损社会公德的活动。

(7) 严禁在学生宿舍内存放和违规使用热得快、电炉、电热杯、电热锅、电炒锅、电饭煲、微波炉、电磁炉、电热毯、取暖器、电烤箱等容易引起安全隐患的电器;禁止点蜡烛。违者除予以没收以外,并给予纪律处分。

【火光冲天】 2020年,某高校学生宿舍突然起火。经过调查,火灾原因为前一天晚上学生使用大功率电器导致跳闸断电,在第二天,学生到宿管中心请求恢复用电后便离开宿舍去上体育课,忘记关闭仍放在棉被上的吹风机及电插板开关,导致了宿舍变成"残垣断壁",所幸该起事件无人员伤亡。

(8) 严禁私接、乱拉电源线。

【切勿私拉电线】 2019年10月,某高校学生宿舍楼发生火灾,造成3人死亡,多人受伤。据调查发现,楼道内燃气管线和电线走线混乱,存在隐患,加之学生违规私拉乱接电线等,导致火灾的发生。几个年轻的生命也丧失于火海……

（9）携带大件贵重物品离开宿舍楼，必须出示有效证件并登记，经值班人员查验后方可带出。

（10）注意防火、防盗，发现可疑情况立即报告保卫部门。

（11）违反上述规定者，不得参评下一年度奖助学金、先进个人，不得参与推优入党，是学生干部的直接撤销其干部身份，并视情节轻重，给予通报批评、警告及以上纪律处分。触犯国家法律行为，将依照国家有关法律予以追究。

第四篇　克己复礼，法治东海

第四篇　克己复礼，法治东海

古人云："海阔凭鱼跃，天高任鸟飞。"鱼在水中嬉游，离不开大海之浩瀚；鸟在空中飞翔，离不开天空之辽远。自由是它们的理想，天地是它们的准则。人也一样，无人不向往自由，但自由需要法律的约束，法律是人们共同的行为准则。法律法规看似离我们遥远，实则渗透在我们生活的方方面面。作为一名大学生，理应学法以明道，用法以立身。让我们一同规避违法乱纪行为，自律克己，共创法治东海。

一、扰乱管理、秩序的行为

1. 学生破坏安定团结，扰乱社会秩序和教育教学秩序，给予以下处分：

（1）为首者，给予记过直至开除学籍的处分。

（2）参与者，视情节轻重，给予警告以上处分。

（3）对不明真相、被胁迫参与者，经教育有悔改表现的，给予口头或通报批评，可免于纪律处分。

2. 打架斗殴者，除按规定赔偿受害人医药费、营养费外，视情节轻重及后果，给予以下处分：

（1）对肇事者（故意用语言、动作挑起事端、争执、纠纷），虽未动手打人，但造成打架后果者，给予严重警告以上处分；首先动手打人并致他人受伤者，给予记过以上处分；致他人重伤者，给予留校察看或开除学籍处分。

（2）对策划者（策划、纠集、指使他人打架斗殴、挑起事端者），视情节轻重及造成的后果，给予记过以上处分；造成严重后果，给予留校察看以上处分；勾结、雇佣校外人员参与打架，给予留校察看以上处分。

（3）参与动手打人但未伤他人者，给予警告以上处分；致他人轻伤者，给予记过或留校察看处分；致他人重伤者，给予留校察看或开除学籍处分。

（4）以"劝架"为名，偏袒一方，促使打架事态发展，并造成不良后果者，视情节轻重，给予严重警告或记过处分。

（5）提供凶器或持械打人者，视情节轻重，分别给予记过或留校察看以上处分。

（6）教唆者（包括有意或无意地挑拨、唆使）分别给予记过以上处分。

（7）打架事件已平息，或有关部门正在处理过程中，当事者一方或第三方再度挑起事端者，从重处分。

3. 学生因故不能上课者，须按规定办理请假手续。

【旷课离校，终身离校】 我校2023级学生小刘多次逃课，甚至多次擅自离校，在旷课达50学时被给予留校察看处分后仍无动于衷，依旧我行我素，在临近期末时因旷课学时累计60学时被作退学处理，小刘追悔莫及。

第四篇　克己复礼，法治东海

4. 学生有下列行为之一的，视情节轻重给予警告以上处分。

（1）未经批准，擅自在校外租房住宿彻夜不归者；

（2）未经学院统一组织，擅自到湖、河、海游泳者；

（3）在校内打麻将者；

（4）酗酒滋事，造成不良影响者。

【宿舍藏酒酗酒不可取】　我校 2023 级学生小吴私自带酒进校，几天后被工作人员查出有几罐啤酒藏在宿舍，虽未饮用，但因酒是违规物品故被现场没收，小吴也被通报批评，并按照规定勒令其反思和整改。

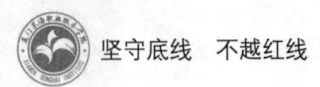
坚守底线　不越红线

（5）在营业性歌舞厅、酒店等场所充当"三陪"者；

（6）因考试成绩、教育管理等原因，对教师或其他有关工作人员寻衅滋事、威胁恐吓者；

（7）隐匿、毁弃或私拆他人邮件者；

（8）未办理请假手续，擅自离校者给予记过处分，情节严重者给予留校察看处分。

【合规方能"自由"】　我校学生小曹在未办理走读手续的情况下，无视学校管理制度，擅自搬离宿舍在校外租房。宿舍晚查房被值班人员发现未归，小曹因此被给予警告处分，并被要求认真整改。小曹反思后按照流程办理好走读手续。

5.学生有下列情形之一，学校可以给予开除学籍处分：

（1）违反宪法，反对四项基本原则、破坏安定团结、扰乱社会秩序的；

（2）触犯国家法律，构成刑事犯罪的；

（3）违反治安管理规定受到处罚，性质恶劣的；

（4）由他人代替考试、替他人参加考试、组织作弊、使用通信设备或其他器材作弊、向他人出售考试试题或答案牟取利益，

第四篇 克己复礼，法治东海

以及其他严重作弊或扰乱考试秩序行为的；

（5）剽窃、抄袭、篡改、伪造他人研究成果，情节严重的；

（6）违反学校规定，严重影响学校教育教学秩序、生活秩序以及公共场所管理秩序，侵害其他个人、组织合法权益，造成严重后果的；

（7）屡次违反学校规定受到纪律处分，经教育不改的。

【学术造假不可取】 某高校硕士研究生小赵在撰写考试论文时连续两次被任课老师发现其考试论文是从互联网上抄袭的。根据《普通高等学校学生管理规定》第五十三条的第五项规定，虽该生的论文是考试论文，暂未泄露出去未造成严重影响，但该生屡教不改，两次被发现抄袭，因此给予退学处理。

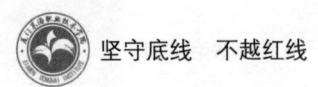坚守底线　不越红线

二、违反法律、法规的行为

学生违反国家法律、法规，受司法机关或公安机关惩处的，给予以下处分：

（1）被处以刑事处罚（包括管制、拘役、徒刑等）的，给予开除学籍处分。

（2）被公安机关处以拘留的，视情节轻重，给予记过以上至开除学籍处分。

（3）被处以治安警告、治安罚款者，视情节轻重，给予严重警告以上处分。有下列行为之一者，但尚未构成追究刑事责任的，视情节严重程度和认错态度给予记过以上直至开除学籍处分：传播、观看、租借反动淫秽书刊、音像、光盘或其他淫秽物品；嫖娼、卖淫或强迫、介绍、教唆、引诱、容留他人嫖娼、卖淫；参与赌博、变相赌博或给赌博提供条件；袒护违法违纪人员，或为其作伪证，或串供、订立攻守同盟，干扰、妨碍公务调查的，给予记过以上处分；对检举人、证人进行威胁或打击报复者，给予留校察看以上处分；阻碍国家工作人员和学院管理人员依法依照学院规章制度执行公务者，给予记过及以上处分。

三、侵犯财产、权利的行为

1.偷窃、诈骗、破坏集体或私人财物，除责令退还并赔偿损失外，视情节轻重，给予以下处分：

（1）作案价值在 100 元以下者，给予警告或严重警告处分。

（2）作案价值在 100～400 元者，给予记过处分。

（3）作案价值在 400 元以上或价值不多但作案多次者，给予

第四篇　克己复礼，法治东海

留校察看以上处分。

（4）经公安或保卫部门确认有作案企图或行为，但作案未遂者，视情况给予警告以上处分。

（5）盗用、伪造、涂改他人证件，冒领钱物或进行其他违法活动者，给予记过以上处分。

（6）以无理或其他方式敲诈勒索他人者：敲诈金额在 100 元以下，给予记过处分；敲诈金额在 100 元以上造成严重后果者，给予留校察看以上处分。

（7）故意破坏公共财物、公共设施者，除责令其赔偿损失和相应罚款外，视情节后果给予记过以上处分。

【冲动是魔鬼】　我校学生小李因为与他人发生冲突，在老师前来解决问题时一时冲动辱骂师长并踢坏学校办公室的安全门，导致门锁无法正常使用，经公安部门协助调解后，除了被要求赔偿损失外，给予留校察看处分。

2. 造谣、诬告、侮辱、诽谤他人，视情节轻重给予严重警告以上处分；在微信、贴吧等网络平台发表不实言论对他人造成恶劣影响的给予记过以上处分。

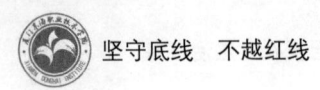 坚守底线　不越红线

第五篇　违纪处分、申诉处理与处分解除

一、学生违纪处分处理流程

1. 违纪处分的形式

为了维护学校正常的教育教学秩序和学生日常管理秩序，严肃校风校纪，根据教育部《普通高等学校学生管理的规定》，结合我校实际情况，学生违规违纪，应给予批评教育并根据违规违纪行为的性质和过错严重程度以及本人的认识态度，分别给予下列纪律处分：警告；严重警告；记过；留校察看；开除学籍。

记过以半年为考察期，半年内表现优异，可以申请撤销记过处分；留校察看以一年为考察期，留校察看期间有悔改和显著进步的，可降为记过处分，表现特别优异的，可以申请撤销留校察看处分；经教育不改或在留校察看期间再有违纪行为的，可开除学籍。

2. 违纪处分的处理流程

（1）对学生做出处分之前，应当听取学生或学生代理人的陈

述和申辩。

（2）学生发生违纪事件之后，辅导员、二级学院主管学生工作的院长助理、二级学院院长、学生处负责老师应深入调查，掌握事实经过，提出处理意见。

（3）凡应给予警告、严重警告的，二级学院调查后，进行学院内部通报处理，并把处理结果报学生处等相关部门备案。

（4）凡应给予记过处分、留校察看的，二级学院调查后，及时反馈给学生处，经学生处确认情况属实，处分材料经辅导员、二级学院主管学生工作的院长助理、二级学院院长、学生处等相关部门审核并签注意见后，报校领导审批，会议通过后及时通报结果。

（5）凡应给予开除学籍处分的，二级学院调查后，及时反馈给学生处，经学生处确认情况属实，处分材料经辅导员、二级学院主管学生工作的院长助理、二级学院院长、学生处等相关部门审核并签注意见后，需经校长办公会讨论决定，会议通过后及时通报结果。

（6）处分的原始材料由学生处存档。处分决议书由学生处送达违纪学生本人，并存入学生档案，同时通报学生家长。

二、学生申诉处理流程

为规范校内学生申诉制度，保证学校对学生的处理行为程序正当、依据明确、结果恰当，保障学生的合法权益，根据《中华人民共和国教育法》《普通高等学校学生管理规定》等相关法律法规，成立厦门东海职业技术学院学生申诉处理委员会，学生如

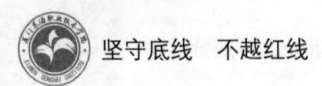
坚守底线　不越红线

果对学校做出的涉及本人权益的处理决定不服，可以向学生申诉处理委员会提出申诉。

厦门东海职业技术学院设立学生申诉处理委员会，负责受理并审查学生申诉，对学生申诉的问题进行复查，做出处理结论。

申诉处理委员会设主任一名，法律顾问一名及委员若干名。主任由分管学生工作的校领导担任。委员分为常任委员和临时委员。常任委员由校党委办公室、校长办公室、学生处等部门主要负责人担任。作为常任委员的各部门负责人更换时，由新任负责人自然接替原负责人担任常任委员。临时委员由两名教师代表和两名学生代表担任。两名教师临时委员由申诉处理委员会办公室推举。两名学生临时委员由校学生会、社联会推举。申诉处理委员会办公室设在党委办公室，负责日常工作。办公室主任由党委办公室主任兼任。

学生对处分决定有异议的，在接到学校处分决定书之日起10日内，可以向学校学生申诉处理委员会提出书面申诉。

学生申诉处理委员会对学生提出的申诉进行复查，并在接到书面申诉之日起15日内，作出复查结论并告知申诉人。需要改变原处分决定的，由学生申诉处理委员会提交学校重新研究决定。情况复杂不能在规定限期内作出结论的，经学校负责人批准，可延长15日。学生申诉处理委员会认为有必要的，可以建议学校暂缓执行有关决定。

学生对学校做出的涉及本人权益的处理决定不服，可以向申诉处理委员会提出申诉。

学生提出申诉，应当自收到处理决定书之日起10日内，向

申诉委员会递交书面申请。申诉申请书应当载明下列内容：

（1）申诉人的姓名、班级、学号及其他基本情况；

（2）申诉的事项、理由、要求并附上相关的证据、证人材料；

（3）提出申诉的日期；

（4）申诉书要求字迹工整、表达清楚，并由申诉人亲笔签名。

申诉处理委员会应当自接到申诉申请书之日起3个工作日内对申诉材料进行审查，根据具体情况做出如下决定并送达申诉人：

（1）申诉请求符合本条例规定，予以受理；

（2）申诉材料不齐备，要求申诉人在3日内补正；

（3）申诉材料不齐备且在限期内未补正的，不予受理。

三、处分解除

是否解除处分由二级学院和学生工作处视受处分学生改进效果酌情考虑并讨论决定。